Das neue Operettenbuch

Die schönsten Operettenmelodien in ungekürzten Originalausgaben

für Klavier

mit Gesangsstimme und vollständigen Texten

ISMN 979-0-001-03804-1

SCHOTT

Mainz · London · Berlin · Madrid · New York · Paris · Prague · Tokyo · Toronto
© 1935 SCHOTT MUSIC GmbH & Co. KG, Mainz · Printed in Germany

INHALT

Gern hab' ich die Frau'n geküßt

Lied aus der Operette: „Paganini"

Text von Paul Knepler und Bela Jenbach

Franz Lehár

Ich lie-be heiß, ____ doch treu bin ich nicht sehr, ____ bin ein Mann, ____ nicht viel dran. Liebchen fein: ____ ich schau auch and-re an! ____ Ich kenn' der wahr-haf-ten Lie-be Glut, ____ ich weiß wie weh oft die Falsch-heit tut, ____ ich kenn' die Won-nen, be-gon-nen mit Freud, ____ ich sah ihr Wen-den und En-den mit Leid! ____ Ich kenn' die Lie-be in Dur und Moll, ____ ich kenn' sie

se - lig, ver - rückt und toll, _____ ich schau' er - wa - chend und la - chend zu - rück _____

meno

meno *f*

Allegretto moderato (♩=52)

rit.

_ und such im Rau - sche, im Tau - sche mein Glück!

p rit.

sehr weich
p a tempo

ppp

(ganz geheimnisvoll)

Gern _____ hab' ich die Frau'n ge - küßt, hab' nie ge -

ppp a tempo

fragt, _____ ob es ge - stat - tet ist, _____ dach - te mir: _____ nimm sie

meno

dir, küß' sie nur, _____ da - zu sind sie ja hier! _____

meno

p

3

p *mf*

3

Ich bin nur ein armer Wandergesell...

aus der Operette: „Der Vetter aus Dingsda"

Text von Herman Haller und Rideamus

Eduard Künneke
für Klavier arrang. von Hans Joseph Vieth

1. Ich bin nur ein ar-mer Wan-der-ge-sell, gu-te Nacht, lie-bes Mä-del, gut' Nacht! Gar dünn ist mein Wams und gar dick ist mein Fell, gu-te Nacht, lie-bes Mä-del, gut' Nacht! Und oft schon dacht' ich, ich pak-ke das Glück, doch im-mer noch zog mir's die

2. Heut' lieg' ich im wei-chen Him-mel-bett, gu-te Nacht, lie-bes Mä-del, gut' Nacht! Da schläft sich's so gut, und da träumt sich's so nett, gu-te Nacht, lie-bes Mä-del, gut' Nacht! Und muß ich mor-gen früh wie-der weg, da nehm ich Er-inn'-rung als

Wolgalied
aus der Operette: „Der Zarewitsch“

Text von Bela Jenbach und Heinz Reichert

Franz Lehár

Moderato (ganz verklingend)

Es steht ein Sol-dat am Wolgastrand, _____

hält Wache für sein Va-ter-land. _____

In dunk-ler Nacht al-lein und fern _____ es leuch-tet ihm kein Mond, kein Stern. _____

Regungslos die Step-pe schweigt, ei-ne Trä-ne ihm ins Au-ge steigt! ___ Und er

fühlt, wie's im Her-zen frißt und nagt, ___ wenn ein Mensch ver - las-sen ist, und er klagt und er fragt:

Allegretto moderato

Hast du dort o - ben ver - ges - - - sen auf

sehr zart (Als Tremolo spielen, also so schnell wie möglich)

mf a tempo

mich? Es sehnt doch mein Herz ___ auch nach

Lie - - - be sich. Du hast im

Him - - mel viel En - - gel bei dir, schick' doch ei - - nen da -

von __ auch zu mir! __

f poco animato   *ff*

Tempo I

Du hast im Him - - mel viel En - - gel bei

dir, schick' doch ei - - nen da - von __ auch zu mir! __

rit.

Glückliche Reise!

Marschlied aus der gleichnamigen Operette

Text von Max Bertuch und Kurt Schwabach

Eduard Künneke

1. Auf nach drü - ben, al - les ist gut dis - po - niert!___ Und was wir lie - ben, ist schon für uns re - ser - viert.___ Auf mich war-tet die Mein - ne, auf dich war-tet die Dei - ne! Jetzt habt ihr ge - nug phi - lo - so - phiert!___

2. Auf nach drü - ben, un - ser Ge - päck ist ge - packt!___ Und tief im Her - zen ha - ben wir al - le ge - flaggt!___ Wenn wir un - se - re Sü - ßen da - heim end - lich be - grü - ßen, dann schlägt un - ser Herz nicht mehr im Takt!___

Auf nach drü - ben! Kin - der, ich lach' mir 'nen Ast!___ Ja, dort gibt's
Auf nach drü - ben! Jetzt komm'n wir end - lich her - aus!___ Nur wo wir

al - les, was du dir wünschst und nicht hast!___ Dort träumt un - ser Prin - zeß - chen von
lie - ben, dort sind wir wirk - lich zu Haus!___ Ach, uns stört au - gen - blick - lich fast

Refrain

uns auf ih - rem Schlöß - chen. Du, laß mich in Ruh, al - ter Phan - tast! ___ {1.-2. Glück - li - che
nichts, denn wir sind glück - lich, und weil wir es sind, ru - fen wir aus: ___

Rei - se, ___ glück - li - che Rei - se! ___ Schreib' mir 'ne Kar - te, wenn du an - ge - kom - men

bist! ___ Glück - li - che Rei - se, ___ glück - li - che Rei - se! ___ Schreib' mir 'nen Brief, wenn

O Mädchen, mein Mädchen

aus dem Singspiel: „Friederike"

Text von Ludwig Herzer und Fritz Löhner

Franz Lehár

© 1928 by Crescendo Theaterverlag G.m.b.H., Berlin SW.

bewegter

ist so leicht, als schwebt' ich auf lich-ten Höh'n. Möcht' je - dem sa-gen:

Bru - der, die Welt ist schön! Die wal - di-gen Ber-ge, das Tal, der

Ä - ther im leuchtenden Strahl, sie sin-gen von dir, ju-beln mit mir. O Mädchen, mein

Allegretto moderato

Mäd - chen, wie lieb' ich dich! Wie leuchtet dein Au - ge, wie liebst du

mich! Du bist mein Le - ben, mein son-ni-ger Schein, all mei-ne Freu-de bist du nur al -

Du sollst der Kaiser meiner Seele sein

Lied aus der Operette: „Der Favorit"

Text von Fritz Grünbaum und Wilhelm Sterk

Robert Stolz

1. Ich weiß ein Land das oh - ne Schran - ken, ich weiß ein Reich, wor - in sich ran - ken
2. Wenn du mich liebst, hast du zum Loh - ne in mei - nem Her - zen dei - ne Kro - ne

wohl tausend zärt - li - che Ge - dan - ken um mei - ner Lie - be Ro - sen - pfad.
und schaltest frei auf gold - nem Thro - ne, den mei - ne Lie - be dir ge - baut!

Das ist das Land, wor - in ich le - be, das ist das Reich, das ich dir ge - be,
Du bist der Kai - ser, den ich wäh - le, und dei - ne Wün - sche sind Be - feh - le,

Mit Genehmigung des Drei Masken-Verlags, G.m.b.H.

auf des-sen Thron ich dich nun he - be, ist mei-nes Her-zens frei-er Staat! ____
ge-hor-chen wird dir mei-ne See - le, die ich so ganz dir an-ver-traut! ____

Sehr langsam

1.-2. Du, — du, — du sollst der Kai-ser mei-ner See - le sein! Du, — du, —

du sollst den Pur-pur tra-gen ganz al - lein! Du, — du, — du sollst das Szep-ter füh-ren,

du, — du, — nur du darfst drin re-gie-ren, du, — du, — du ziehst als Sie-ger

1. *rit.*

ein! ____

2. *rit.*

ziehst dort als Sie-ger ein!

Ach, ich hab' sie ja nur

Lied des Ollendorf aus der Operette „Der Bettelstudent"

Carl Millöcker

1. Und da soll man noch ga - lant sein ge - gen schö - ne - res Ge - schlecht, kat - zen -
2. Die - se a - dels - stol - ze Da - me war be - lei - digt durch den Kuß, wäh - rend

Allegro

küßt! Hier hab ich den Schlag ver-spürt mit dem Fä - cher ins Ge - sicht!
küßt! Schau-der-haft bin ich bla-miert, al - le Welt heut da-von spricht!

Allegretto

1.-2. Mir ist man-ches schon pas - siert, a - ber so et-was noch nicht, a - ber

so et-was noch nicht! Mir ist man-ches schon pas - siert, a - ber so et-was, so et-was,

so 'was nicht!

(poco più mosso)

„Komm in die Gondel"

Lied aus der komischen Oper „Eine Nacht in Venedig"

Text von F. Zell und Richard Genée

Johann Strauß

Einer wird kommen

Lied aus der Operette: „Der Zarewitsch"

Text von Bela Jenbach und Heinz Reichert

Franz Lehár

Mit Genehmigung des Drei Masken Verlags G. m. b. H.

© 1927 by Drei Masken-Verlag A.-G., Berlin

Sin - ne be - drängt,_____ ich möch-te ent - flieh'n und wart' doch auf ihn!

Wüßt' ich doch, zieh' ich das gro - ße Los, wird das Glück mir schei-nen?_____

Werd' ich als Spiel - zeug bloß die-se Stund' be - wei-nen?_____

Wer - de, was will, dar - aus,_____ Lie - be, nach

dir, nach dir_____ brei - te ich mei - ne Ar - - - me

Ich bin verliebt, ich weiß nicht wie mir geschah

Lied aus der Operette: „Clivia"

Text von Ch. Amberg

Nico Dostal

1. War - um trieb das Schick - sal mich hie - her? War - um ist mein ar - mes Herz so schwer? Mei - ne See - le fühlt ein Ban - gen, hei - ße Sehn - sucht und Ver - lan - gen und ich kenn' mich selbst nicht mehr. Ich bin ver -

2. Man - cher sprach zu mir: „Oh wer - de mein!" A - ber ich, ich sag - te im - mer: „Nein." Dann ist a - ber er ge - kom - men, hat mein Herz im Sturm ge - nom - men. Der nur kann der Rech - te sein. Ich bin ver -

© 1934 by Thalia Verlag, Leipzig C 1

„Immer nur lächeln"
aus: „Das Land des Lächelns"

Text von Victor Léon, Ludwig Herzer und Fritz Löhner

Franz Lehár

Ich tre-te ins Zim-mer, von Sehnsucht durchbebt.

Das ist der hei-li-ge Raum, in dem sie at-met, in dem sie lebt, sie, mei-ne Son-ne mein Traum! O,

klopf' nicht so stür-misch, du zit-tern-des Herz. Ich hab' dich das Schweigen ge-lehrt. Was weiß sie von mir, von

all mei-nem Schmerz und der Sehn-sucht, die mich ver-zehrt? Doch wenn uns Chi-ne-sen das Herz auch bricht, wen

„Was ist an einem Kuß gelegen"

Lied aus der Operette: „Der lustige Krieg"

Johann Strauß

siv er - dul - det. sich still ge - fal - len las - sen muß, den man durch gar nichts

hat ver - schul - det, glaub mir, solch ein Kuß, das ist gar kein Kuß.

Nie ist ein sol - cher Kuß ent - schei - dend, der mir ge - walt - sam bei - ge - bracht

bei dem der ei - ne Teil nur lei - dend, nein, der kommt gar nicht in Be - tracht.

Glaub mir, bei sol-chen Tän-de-lei-en, ist kei-ne Ur-sach zum Ver-druß,

nur wenn er ward ge-küßt von Zwei-en, dann nur zählt der Kuß_ als ech-ter Kuß, ja solch ein

Allegro

Kuß, das ist ein Kuß, ja, solch ein Kuß, ach, ach,___ ja___ solch ein

Kuß, das ist___ ein Kuß.

Vilja – Lied

Lied vom Waldmägdelein

aus der Operette: „Die lustige Witwe"

Text von Victor Léon und Leo Stein

Franz Lehár

© 1906 by Ludwig Doblinger, Wien

schau - te und schaut' auf das Wald-mägdlein hin. Und ein nie ge-kann-ter Schau - - er
liebt und so küßt gar kein ir - di-sches Kind. Als sie sich dann satt-ge-küßt ver -

faßt den jun-gen Jä-gers-mann; sehn - suchts - voll fing er still zu seuf-zen an:
schwand sie zu der-sel-ben Frist! Ein - mal noch hat der Ar-me sie ge-grüßt:

Sehr einfach vorgetragen

1.-2. Vil - ja, o Vil - ja, du Wald-mäg-de-lein, faß' mich und laß mich dein Traut-lieb-ster

sein. Vil - ja, o Vil - ja, was tust du mir an? Bang fleht ein lieb-kran-ker

Mann!____ Vil - ja, o Vil - ja, du Wald-mäg-de - lein, faß' mich und

Sehr langsam

laß mich dein Trautlieb-ster sein! Vil - ja, o Vil - ja, was tust du mir an? Bang fleht ein

lieb - kran-ker Mann!____

2. Das

Mann! Bang fleht ein lieb - - kran-ker Mann!_____

Ich knüpfte manche zarte Bande

Lied aus der Operette: „Der Bettelstudent"

Carl Millöcker

1. Ich knüpf - te man - che zar - te Ban - de,
2. Die Po - lin hat von al - len Rei - zen

stu - dier-te die Pa - ri - se - rin,   die schön-sten Fraun vom Sach - sen-lan - de,
die ex - qui-si - te - sten ver - eint,   wo-mit die an - dern ein - zeln gei - zen,

in Deutsch-land, Un - garn wie in Wien; ich kenn der Frau - en Reiz im Sü - den,
bei ihr als ein Bou - quet er - scheint. Die Na - se hat sie grie - chisch=rö - misch,

Ne - a - pel, Rom, Flo - renz, Ma - drid,
drang auch bis zu den Py - ra - mi - den, nahm

Glut-au-gen von der Spa - nie - rin,
der üpp'-ge Mund ist sla-wisch=böh - misch, und

rall.

Af - ri - ka zum Teil auch mit.
Hab an des Gan - ges

lieb - lich wie - ne - risch das Kinn.
Von der Pa - ri - se -

rall.

Strand ge - ses - sen und tausch-te dort so man - chen Kuß.
Ich

-rin das Füß - chen und von der Bri - tin die Fi - gur.
Von

lie - bel - te mit den Tscherkes - sen, mit schö - nen Fraun des Kau-ka - sus.
Noch

al - lem Rei - zen - den ein biß - chen, doch im - mer grad das Be - ste nur,
sie

schö - ner schien mir die Kre - o - lin, doch all' die Schön-heit schnell er - bleicht,___ wenn
borgt so - gar von der Mon-go - lin et - was Pi - kan - te - rie viel - leicht,___ und

man da - ge - gen hält die Po - lin, der Po - lin Reiz bleibt un - er-reicht. Wenn
gra - de da - durch wird die Po - lin von kei - nem an - dern Weib er-reicht, und

2.Strophe

man da-ge - -gen hält die Po - lin, der Po - lin Reiz ist un - er - reicht!
gra - de da - durch wird die Po - lin von kei - nem an - dern Weib er - reicht!

Anzoletto und Estrella

Tarantelle aus der Operette „Gasparone"

Original Es-Dur

Text von F. Zell und R. Genée

Carl Millöcker

Allegretto

15

1. An-zo-
2. Lan-ge

let-to sang „Komm,mi-a bel-la!" un-term Fen-ster der hol-den Es-trel-la;— „komm hin-
eh' An-zo-let-to ge-en-det, hat sie trot-zig das Köpf-chen ge-wen-det;— doch bald

aus in den duf-ten-den Hain,— möcht' dir sa-gen ein Wört-chen al-lein!"— Doch nicht
wen-det sie's wie-der zu-rück,— gar zu lok-kend er-schallt die Mu-sik!— Nein, Es-

will ihn Es-trel-la ver-ste-hen,— sie bleibt taub, mag er-bit-ten und fle-hen,— bis von
trel-la kann ein-sam nicht blei-ben,— bei dem Ton war's zu End' mit dem Sträu-ben! Und bald

fern Tam-bu - rinschlag er - klingt __ und der Lie - ben-de singt. Hör doch die Tö-ne, Es-trel-la! Man

hält sie zum Rei-gen so warm __ An - zo - let - to im Arm! Nun tanzt die schöne Es-trel-la mit

tanzt Ta-ran-tel - la, be - rauschende Mu - sik bringt mir der Lie-be sü-ßes Glück!} 1.-2. Wem zuckt es

ihm Ta-ran-tel - la; be - rauschende Mu - sik bracht' in der Lie-be sü-ßes Glück.}

nicht in den Fü-ßen, die Nacht zu ge-nie-ßen? Wer zaudert da noch lang, wenn hell das Tambu-rin er-klang?

Ah! _____ Ah! _____

1. Zau - ber-klang! __ 2. klang!

Originaltonart: G-Dur

„Nur für Natur"

Walzerlied aus der Operette: „Der lustige Krieg"

Johann Strauß

Gemäßigtes Walzertempo

Nur___ für Na - tur___ heg-te sie___ Sym-pa - thie,___ un-ter Bäu - men___ sü - ßes

Träu - men___ lieb-te Grä - fin Me - la - nie.___ Ach,___ wel-che Lust___ füllt das Herz,___

___ hebt die Brust,___ wenn im Schat - ten___ grü-ner Mat - ten___ man so hin-schwärmt un-be-

wußt.___ Ihr Cou - sin war sehr jung und ga - lant,___ man be-haup - tet so-gar in-tres-

sant,_____ selbst der Graf fand ihn äu-ßerst scharmant,_____ lud ihn zu sich sehr oft aufs Land.

Man zog häu-fig hin-aus ins Re-vier,_____ denn die Jagd macht der Grä-fin Plä-sier;_____

poco più lento *rit.*

___ welch ro-man-tisch Ge-fühl, welch ein Bild,_____ zeigt im Wald sich ed-les Wild. Ja,

nur_____ für Na-tur_____ hegte sie_____ Sympa-thie,_____ un-ter Bäu-men_____ sü-ßes Träu-men

___ lieb-te Grä-fin Me-la-nie._____

Piff, paff, puff! Rasch den Hahn ge - spannt, _____ sol - che Jagd ist

doch a-mü - sant. _____ Der Herr Graf sieht ___ dort in der Au _____

_____ jetzt ei - nen Hirsch und ver - gißt sei - ne Frau. Eilt ihm nach ü - ber Stock und _

Stein, _____ der Cou - sin bleibt mit ihr al - lein. _____ Dort ein Schuß, bum,

_ und hier ein Kuß, _____ doch nun ga-lant ich schwei - gen muß. _____

Ich schenk mein Herz....

Walzerlied aus der Operette „Die Dubarry"

Text von Paul Knepler und J. M. Welleminsky

Musik nach Karl Millöcker
von Theo Mackeben

1. Ich ha - be Lie - be schon ge - nos - sen, ich kenn das Glück und auch das Leid, ich
2. Die Män - ner ha - ben mich um - wor - ben, ich bin ge - wöhnt an Schmei - che - lei, ich

ha - be Trä - nen oft ver - gos - sen und auch ge - schwelgt in Se - lig - keit; was ich an Lieb' ge - ge - ben, das
ha - be nie das Spiel ver - dor - ben, war nur mein Herz auch mit da - bei. Schlug Lie - be mich in Ban - den, dann

gab ich gern und oh - ne Reu, doch stets in mei - nem Le - ben bleib ich dem ei - nen Grund - satz treu:
war ich stets ein ech - tes Weib, doch nie hab' ich's ver - stan - den, zu lie - ben nur zum Zeit - ver - treib.

„Ja, so singt man nur in Wien!"

Walzerlied aus der Operette „Indigo"

Johann Strauß

Allegro non troppo

Horch, das sind be-kann - te Klän - ge! Frisches Blut und Le - ben diese Tö - ne ge - ben.

Das sind mei - ner Hei - mat Sän - ge: welch ein won-nig Wie - gen, Bie - gen, Schmiegen!

Ja, so singt man, ja so singt man in der Stadt, wo ich ge-bo - ren,

ja so singt man,_ ja so singt man_ ganz al-lein doch_ nur in Wien.

Hör ich die-se Wei - se klin - gen, tief mir in die See - le

drin - gen, schnell flieht je-de Pein, träum' in der Hei - - mat zu sein!

La_ la la la la la_ la_ la_ la la la la la_ la_ la_ la la

la la la la_ la la_ la la_

singt man ganz al-lein doch nur in Wien!

La la la la la___ la la la la la___ ja___ so singt___ man nur___ in___ Wien!___ La la la la la___ la la la la la ja_____ al-lein___ in Wien!___

„Hab' ich nur deine Liebe"
aus der komischen Oper „Boccaccio"

Franz von Suppé

Andante molto espressivo

1. Hab' ich nur Dei - ne Lie - be, die
(2. Denn) selbst auch oh - ne Treu - e hat

Treu - e brauch' ich nicht, die Lie - be ist die Knos - pe
Lie - be oft ent - zückt, doch oh - ne Lie - be Treu' al -

nur, aus der die Treu - e bricht.} Drum sor - ge für die
lein hat kei - nen noch be - glückt.}

Knos - pe, daß sie auch schön ge - deih', auf

daß sie sich in vol - ler Pracht___ ent - fal - ten mag, o gib d'rauf

acht, ob mit, ob oh - ne Treu'; ob___ mit, ob oh - ne

Treu'!

2.Denn Treu'!

Liebe, du Himmel auf Erden...

Walzerlied aus der Operette: „Paganini"

Text von Paul Knepler und Bela Jenbach

Franz Lehár

© 1925 by Crescendo- Theaterverlag G.m.b.H., Berlin SW. 19

stünd' ich auch ge-gen die Welt al-lein, er sei mein, er sei mein!

Valse moderato (♩=58)

Lie - - be, du Him-mel auf Er - den, e - - wig be-steh!

Lie - - be, du Traum al - ler Träu - me, nie - - mals ver-geh'!

poco animato

Du sollst mich um schwe - ben hold - se-lig im Le - ben nur

a tempo

du gibst un-serm Sein In-halt al - lein!

Inhalt der bereits erschienenen Bände

Beliebte Bände für Klavier

Der langsame Walzer
15 Tanz- und Lieder-Erfolge für Klavier mit übergelegter Singstimme

Aus dem Inhalt: Eine Frau wird erst schön durch die Liebe · Ich tanze mit dir in den Himmel hinein · Sag beim Abschied leise Servus · Wie ein Wunder kam die Liebe
ED 3798

Das neue Operetten-Buch
93 der schönsten Melodien aus den bekanntesten Operetten für Klavier in ungekürzten Originalausgaben mit Singstimme und vollständigen Texten

Band 1
Aus dem Inhalt: Wolgalied (Zarewitsch) · Immer nur lächeln (Land des Lächelns) · Vilja-Lied (Lustige Witwe) · Gern hab ich die Frau'n geküßt (Paganini) · Ich bin nur ein armer Wandergesell (Vetter aus Dingsda) · Komm in die Gondel (Eine Nacht in Venedig)
ED 2525

Band 2
Aus dem Inhalt: Dunkelrote Rosen (Gasparone) · Dein ist mein ganzes Herz (Land des Lächelns) · Schlösser, die im Monde liegen (Frau Luna) · Die Juliska aus Budapest (Maske in Blau) · Ich träume mit offenen Augen (Die lockende Flamme)
ED 2850

Band 3
Aus dem Inhalt: Komm Zigány (Gräfin Mariza) · Was eine Frau im Frühling träumt (Marietta) · So stell ich mir die Liebe vor (Hochzeitsnacht im Paradies) · Am Manzanares (Clivia) · Komm in den kleinen Pavillon (Lustige Witwe)
ED 3700

Band 4
Aus dem Inhalt: Leise erklingen Glocken (Balkanliebe) · Niemand liebt dich so wie ich (Paganini) · Es muß was Wunderbares sein (Im weißen Rößl) · Leise, ganz leise (Ein Walzertraum) · Schau einer schönen Frau (Maske in Blau) · Und die Musik spielt dazu (Saison in Salzburg)
ED 4300

Band 5
Aus dem Inhalt: Du traumschöne Perle der Südsee (Die Blume von Hawaii) · Reich mir zum Abschied noch einmal die Hände (Viktoria und ihr Husar) · Wenn der Toni mit der Vroni (Saison in Salzburg) · Mein Liebeslied muß ein Walzer sein (Im weißen Rößl) · Schenkt man sich Rosen in Tirol (Der Vogelhändler)
ED 4500

Ouvertüren-Album
Die bekannten Ouvertüren

Band 1
Inhalt: Die Fledermaus (J. Strauß) · Die schöne Galathee (Suppé) · Carmen (Bizet) · Der Barbier von Sevilla (Rossini) · Raymond (Thomas) · Orpheus in der Unterwelt (Offenbach) · Alessandro Stradella (Flotow)
ED 354

Band 2
Inhalt: Lustspiel-Ouvertüre (Béla) · Der Zigeunerbaron (J. Strauß) · Leichte Kavallerie (Suppé) · Die Hochzeit des Figaro (Mozart) · Wilhelm Tell (Rossini) · Wenn ich König wäre (Adam) · Mignon (Thomas) · Der Freischütz (Weber)
ED 355

Band 3
Inhalt: Martha (Flotow) · Ungarische Lustspiel-Ouvertüre (Béla) · Die diebische Elster (Rossini) · Der Kalif von Bagdad (Boieldieu) · Banditenstreiche (Suppé) · Zampa (Herold) · Egmont (Beethoven)
ED 356

Urgroßmutters Hitparade
Eine Auswahl der beliebtesten Salonstücke aus der guten alten Zeit

Aus dem Inhalt: Petersburger Schlittenfahrt (Eilenberg) · Heinzelmännchens Wachtparade (Noack) · Liebesfreud, Liebesleid (Kreisler) · Poème (Fibich) · Großmütterchen (Langer) · Alpenglühen (Oesten) · Gebet einer Jungfrau (Badarzewska)
ED 8463

All Time Standards
in Arrangements von Gabriel Bock
Mit CD: alle Titel sind in hervorragender Interpretation von G. Bock eingespielt!

Inhalt: Satin doll · The Girl From Ipanema · Autumn Leaves · Someday My Prince Will Come · Body And Soul · Li'l Darlin' · Yesterday · One Note Samba · I Can't Give You Anything But Love · Waltz For Debby · Marion's Walk · Feelings
ED 7857-50

Das Allotria-Buch
Die beliebtesten Stimmungslieder mit vollständigen Texten

Aus dem Inhalt: Aber heut sind wir fidel · Du kannst nicht treu sein · O Susanna · Der treue Husar · Trink, trink Brüderlein, trink · Mainzer Narhalla-Marsch
ED 2590

Auld Lang Syne
Schottische Lieder und Balladen
Originaltexte mit deutscher Textübertragung, Klaviersätze mit Harmoniebezifferung

Aus dem Inhalt: Auld lang syne · The Birken Tree · Bonnie Jonnie Lowrie · Fine Flowers in the Vally · Gilderoy · Kate Dalrymple · Mormond Braes
ED 6633

Das frohe Rheinliederbuch
Die bekanntesten Lieder von Rhein und Wein

Band 1
Aus dem Inhalt: Kornblumenblau · Mädel, ich bin dir so gut · Warum ist es am Rhein so schön? · Trinkst du mal Wein vom Rhein · Einmal am Rhein
ED 2500

Band 2
Aus dem Inhalt: Wenn das Wasser im Rhein · Man müßte noch mal zwanzig sein · Kleine Winzerin vom Rhein · Die schönste Blume · Das kannst du nicht ahnen · Komm, trink und lach am Rhein
ED 4775

Das goldene Marschbuch
62 erfolgreiche Märsche

Band 1
Aus dem Inhalt: Frühlings Einzug · Einzug der Gladiatoren · Fehrbelliner Reiter-marsch · Radetzky-Marsch · Der Hohen-friedberger · Bayrischer Avanciermarsch
ED 373

Band 2
Aus dem Inhalt: Frei weg · Steinmetz-Marsch · Fridericus Rex · Gruß an Kiel · Der Jäger aus Kurpfalz · Defilier Marsch · Preußens Gloria · San Lorenzo Marsch
ED 374

www.schott-music.com

9 790001 038041
ISMN 979-0-001-03804-1   ED 2525

9 783795 796525
ISBN 978-3-7957-9652-5   ED 2525